LES DOCS de Lou

Tout sur les chevaux !

Des romans à lire à deux,
pour les premiers pas en lecture !

La collection Premières Lectures accompagne les enfants qui apprennent à lire. Chaque roman peut être lu à deux voix : l'enfant lit les bulles et un lecteur confirmé lit le reste de l'histoire.

Cette collection a trois niveaux :

JE DÉCHIFFRE les bulles peuvent être lues par l'enfant qui débute en lecture.

JE COMMENCE À LIRE les bulles peuvent être lues par l'enfant qui sait lire les mots simples.

JE LIS COMME UN GRAND les bulles peuvent être lues par l'enfant qui sait lire tous les mots.

Quand l'enfant sait lire seul, il peut lire les romans en entier, comme un grand !

Un concept original **+** des histoires simples **+** des sujets qui passionnent les enfants **+** des illustrations :
des romans parfaits pour débuter en lecture avec plaisir !

Cette histoire a été testée par Francine Euli, enseignante, et des enfants de CP.

L'orthographe rectifiée, qui fait désormais référence dans les programmes scolaires, est appliquée dans cet ouvrage.

Loi n°49-956 du 16 juillet 1949 sur les publications destinées à la jeunesse, modifiée par la loi n°2011-525 du 17 mai 2011.
ISBN : 978-2-09-257537-6

JE DÉCHIFFRE | JE COMMENCE À LIRE | **JE LIS COMME UN GRAND**

Tout sur les chevaux !

Texte de Mymi Doinet

Illustré par Mélanie Allag

Nathan

Sam a peur des chevaux. Lou,
son amie qui comprend les animaux,
va lui apprendre à mieux les connaitre.

Surprise ! Un poulain vient de naitre. La jument le lèche, c'est son premier câlin !

Une heure plus tard, le poulain gambade dans le pré !
Sam est étonné par ses progrès si rapides :
– Quel petit sportif !

La devinette de Lou

Quelle est la différence entre un poulain et un poney ?

Le poulain est un jeune cheval.
Le poney est un cheval qui mesure moins de 1 mètre et 47 centimètres.

Après avoir tété le lait de sa mère, le poulain fait la sieste. La jument se repose aussi, mais sans s'allonger.

– Comment peut-elle dormir debout ? s'écrie Sam.

La devinette de Lou

Pourquoi les chevaux dorment-ils debout ?

En cas de danger, ils sont tout de suite prêts à prendre la fuite !

Les chevaux adultes bloquent leurs genoux. Ainsi, ils ne tombent pas. Ils s'allongent parfois pour de courts moments.

Un cheval, comment ça marche ?

Sa queue
C'est un vrai chasse-mouche.

Ses oreilles

Elles lui permettent d'entendre les sons dans toutes les directions.

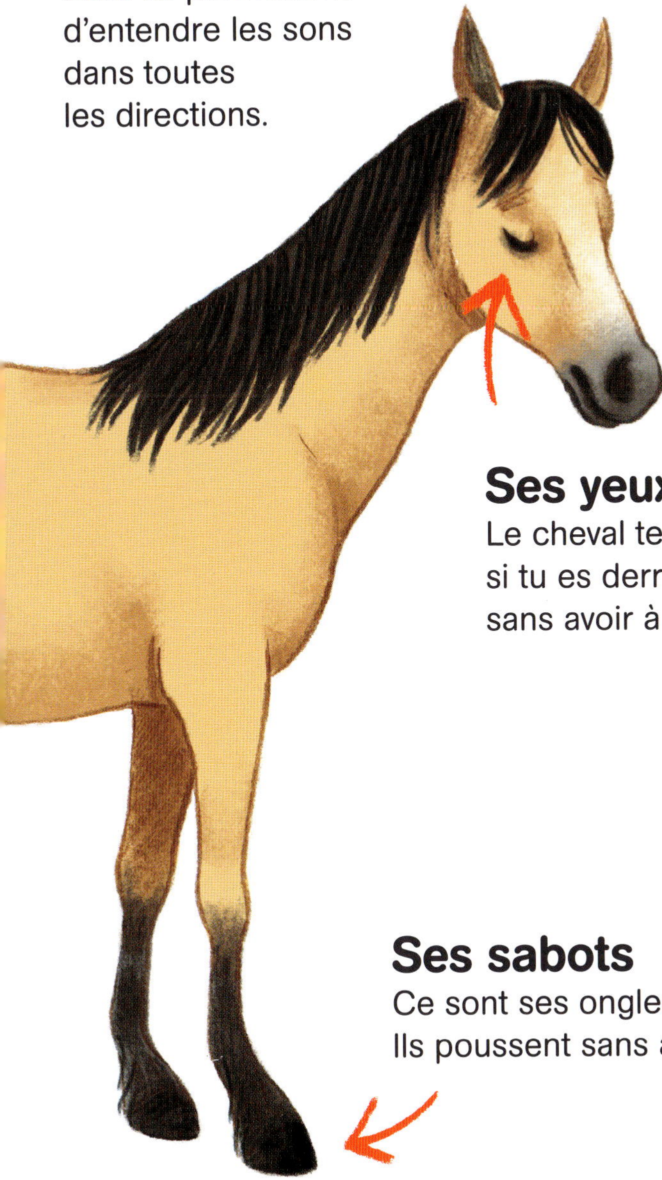

Ses yeux

Le cheval te voit même si tu es derrière lui, sans avoir à tourner sa tête.

Ses sabots

Ce sont ses ongles. Ils poussent sans arrêt.

Pendant que Diabolo se repose, Lou fait découvrir à Sam les autres chevaux du poney-club. Il y a des chevaux bruns, d'autres tachetés.

Certains sont noirs, d'autres blancs.
Mais si la robe compte un seul poil noir, on dit qu'elle est grise.

Les licornes, avec leur corne sur le front, n'existent que dans les contes.

Lou et Sam regardent les chevaux du poney-club brouter. Ce sont des herbivores : le pré est leur garde-manger.

Les chevaux adorent les pommes coupées en quatre ou les carottes, ils trouvent ça bon comme des bonbons !

Les chevaux passent une grande partie de leur temps à manger. Ça les occupe 15 heures sur 24 ! Adulte, Diabolo mangera 8 kilos d'herbe par jour.

Pour saluer Lou et Sam, les chevaux hennissent. Par leurs cris aigus puis graves, ils préviennent aussi leurs copains quand quelque chose les tracasse.

Quand elles sont dressées,
c'est qu'il est en alerte.

Plaquées en arrière,
il est en colère.

Quand elles pendent,
chut ! il est prêt à s'endormir.

Les jours passent. Diabolo marche comme un grand ! Cet après-midi, Lou montre à Sam que le poulain a 3 façons de se déplacer.

Au pas, il marche. Au trot, il court doucement. Au galop, il va à toute vitesse.

Le pur-sang est rapide : il court à plus de 50 km/heure !

Les chevaux sont une famille très étendue. Diabolo a plein de cousins que Sam connait bien ! Le falabella est le plus petit cheval du monde. Il mesure 70 centimètres.

L'âne a de longues oreilles. Hi, han !
Il brait pour se faire entendre.
Le zèbre parcourt la savane africaine.
D'un zèbre à l'autre, aucun n'a
les mêmes rayures.

Pendant sa promenade, Diabolo s'est sali. Lou montre à Sam comment bien le nettoyer avec 3 brosses différentes.

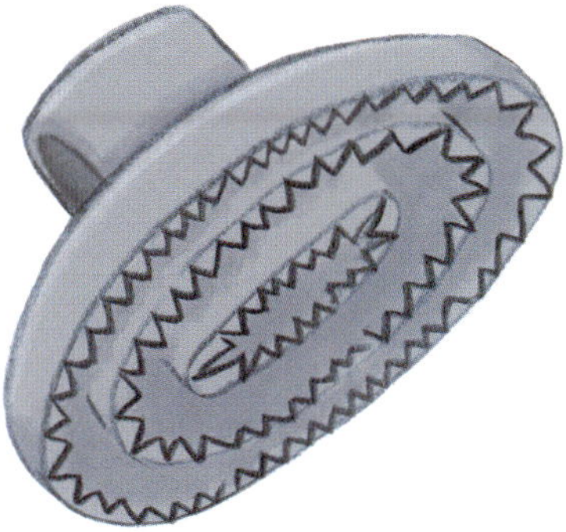

L'étrille sert à retirer la terre quand le cheval a galopé dans la boue.

Le bouchon permet de peigner les poils et la brosse douce chasse la poussière.

Le cure-pied

Avec le cure-pied, on enlève les saletés et les cailloux coincés sous les sabots.

Diabolo a grandi : il est devenu la vedette du poney-club. Aujourd'hui, Lou va le monter. Sam observe tous ses gestes.

Lou place ses pieds dans les étriers et tient les rênes. Hop ! C'est parti pour un tour de piste.

Lou a mis un tapis sous la selle de Diabolo. C'est plus doux pour le dos du cheval quand elle s'assoit.

Après l’entrainement, Diabolo
n’est pas seul dans le pré.

Comme ils sont copains, Diabolo et Pâquerette, la belle pouliche, se mordillent pour se gratter ! Pour vivre heureux, les chevaux ont besoin de compagnie.

Sam n'a plus peur des chevaux.
Il rêve même de choisir un métier
proche d'eux !

Le maréchal-ferrant
taille les sabots, les nettoie
et pose des fers dessus pour
les protéger.

Le moniteur donne des leçons pour comprendre son cheval et savoir bien le monter.

Le dentiste lime les dents des chevaux quand elles sont trop longues.

Le palefrenier nettoie le cheval et son box. Il lui donne à manger et à boire. C'est une vraie nounou !

Quiz

Comme Lou, es-tu maintenant incollable sur les chevaux ? Ce quiz va te le dire.

1. La jument porte son petit dans son ventre pendant :

a. 9 mois.
b. 11 mois.
c. 22 mois.

2. Une heure après sa naissance, le poulain sait déjà :

a. Brouter.
b. Marcher.
c. Danser.

3. Avec ses yeux, le cheval est capable :

a. De te voir même quand tu es derrière lui.

b. De verser des larmes de crocodile.

c. De loucher sur commande.

4. Le cheval peut dormir :

a. Suspendu par les jambes.

b. Dans l'eau en faisant la planche.

c. Debout.

5. La brosse dure pour peigner les poils, c'est :

a. Le bouchon.

b. Le couvercle.

c. Le chapeau.

6. Le pelage du cheval s'appelle :

a. La jupe.

b. La chemise.

c. La robe.

7. Le maréchal-ferrant :

a. S'occupe des sabots du cheval.

b. Soigne ses dents.

c. Lui prépare à manger.

Si tu as entre 6 et 7 bonnes réponses : bravo ! Comme Lou, tu sais tout sur les chevaux ! Si tu as entre 5 et 6 bonnes réponses : encore un petit effort. Si tu as entre 0 et 4 bonnes réponses : relis vite ce livre !

Réponses : 1 : b. 2 : b. 3 : a. 4 : c. 5 : a. 6 : c. 7 : a.

Bravo ! Tu as lu un livre en entier !

Tu as aimé ce livre ?

Retrouve Lou dans toutes ses aventures !

premières lectures

N° éditeur : 10230626 – Dépôt légal : octobre 2017
Achevé d'imprimer en septembre 2017 par Pollina
(85400 Luçon, France) - 82115